INDEX

Short Vowels - a

bag	cab	dad	jam
had	fan	ban	lad
gap	cap	nag	hat
dab	fad	sat	van
yak	ran	mad	cat
gab	tax	pan	map
pad	tag	bat	lag
sad	fat	sag	lap
ram	tab	wax	rat
man	has	lab	pal

Short Vowels - a

nap	clam	fact	plant
rag	clamp	flag	pram
jab	clan	flat	rang
tap	crab	glad	rash
yam	cramp	grab	sand
nab	crash	grand	slab
sap	damp	hand	slam
band	dash	lamp	slant
camp	drab	pant	slap
cash	drag	plan	slant

Short Vowels - e

pen	bet	ten	dent
wet	web	beg	desk
fed	bed	jet	ever
set	net	belt	fled
peg	pep	bench	help
den	hen	bend	jest
get	men	bent	kept
leg	let	best	left
led	set	blend	lend
pet	met	chest	mend

Short Vowels - e

nest   swept   pest   tent

next   tend   rent   test

rest   went   send   wept

sent   west   shed   slept

spend

Built a tent, aced a test, sweetly slept, now it's time to rest.

Short Vowels - i

sit	jig	dip	mid
wig	fin	bib	kit
fix	rim	tip	bit
kin	lit	nip	nix
lid	pip	sin	pin
rip	bin	dip	bid
him	mix	sip	win
rib	fit	dig	hip
dim	pig	big	fib
in	tin	did	hid

Short Vowels - i

fig	zip	kid	six
lip	pit	hit	wit
brim	clip	chin	crisp
din	dish	drift	drip
film	fish	fist	gift
glint	grin	grip	hint
lift	lint	list	mint
mist	pinch	ship	sift
skin	slid	spin	strip
swim	thin	trip	twin

Short Vowels - o

jog	pop	hop	hot
tot	pod	log	nod
sod	fog	cot	cob
rot	bog	top	mop
fox	pot	box	cod
hog	job	sob	lop
lot	mob	pox	cog
rob	lox	dog	not
rod	dot	mom	got
trod	stop	moth	flop

Short Vowels - O

O

drop	spot	lost	song
soft	crop	loft	smog
crop	fond	plop	blond
plot	frog	cost	slot
shot	clog	shop	pond

The little frog, feeling lost, found a pond when a raindrop led the way.

Short Vowels - u

bun	hum	pug	rut
but	sum	tug	hub
jut	lug	nun	gut
bug	cut	sun	nut
tub	gum	mud	pup
jug	fun	rug	sub
blunt	flush	dust	blush
bump	bunch	club	clump
dump	drum	drug	grub
hump	glum	hunch	hunt

Short Vowels - u

fat	fate	sam	same
hat	hate	cap	cape
rat	rate	at	ate
fad	fade	pal	pale
nap	nape	can	cane
mad	made	dan	dane
pan	pane	mat	mate
man	mane	cam	came
tap	tape	stag	stage
gap	gape	fad	fade

More long - a

a

cake	wade	lake	case
wave	tame	plane	flake
trade	late	bake	sale
haze	make	lane	pave
same	take	rake	mane
fake	wake	sake	made
fate	hate	sane	safe
gaze	jane	tale	name
gate	wave	pave	fake
tame	gale	ate	ape

More long - a

a

game	vane	vase	wade
save	lame	blade	graze
blame	grape	brake	brave
drake	crate	fate	fake
flake	gale	game	flame
gaze	grade	haze	save
sane	jade	rate	sale
plane	plate	pave	paste
pane	pale	male	maze
jade	lame	drape	waste

More long - a

trade   taste   tame   state

slave   skate   stable

A happy male who shared the same name with a girl, played a game together and ate a yummy cake.

Short to long i sounds

pip	pipe	bid	bide
win	wine	bit	bite
kit	kite		
din	dine		
rip	ripe		
hid	hide		
sit	site		
dim	dime		
pin	pine		
tim	time		

The cute kitten played hide-and-seek, hid behind the colorful curtains, eager to win the game within the time.

More long - i

bike	line	live	ride
dike	mine	lime	site
tide	pike	fine	ripe
bite	life	wide	wife
side	pine	wipe	mite
rite	vine	dive	hike
like	ride	wine	hive
nine	tide	time	jive
vile	bribe	bride	crime
drive	glide	pride	rifle
slime	smile	stripe	tribe

15

Short to long O sounds

O

hop	rob	tot	rod
not	ton	cod	dot
pop	hope	robe	tote
rode	note	tone	code
dote	pope		

The bunny hopped with hope, holding a note with a special code for friends.

More long - O

dope	vote	mole	hope
bone	pole	mope	tone
role	pope	lone	sole
rope	home	coke	dote
tome	woke	rote	dome
joke	tote	hole	poke
stove	stone	stole	spoke
smoke	slope	scope	grove
globe	froze	drove	zone
close	broke	alone	

Short to Long u & more Long U

tub	tube
cut	cute
dud	dude
mut	mute

The cute kid played a flute, making a happy tune.

tune	dune	fume	nude
rude	rude	lube	ruse
fuse	luke	duke	lute
mute	rule	mule	amuse
flute	flume		

Digraph Ch-1

chip	chop	lunch	munch
church	chat	punch	chest
winch	chin	chili	chapter
inch	bench	branch	ranch
chirp	birch	bunch	clench
drench	ranch	such	much
rich	chit	chap	churn
champ	chant	chimp	chirp
finch	chores	echo	ache
cord	anchor	stomach	chaos

trash	slush	flash	crash
brush	blush	wish	rash
mash	gush	fish	dish
cash	bush	shut	shot
shop	ship	shelf	shed
crush	slush	plush	trash
shut	shrub	shrug	posh
bash	lash	stash	flesh
hush	rush	spanish	

Digraph Ph

ph

graph   biography   elephant

geography   phobics   graphics

phonics   dolphin   phonetics

orphan   pharmacy   photo

An orphan elephant drew many graphics & graphs on his own photo.

21

Digraph
th & th-unvoiced

bath	path	math	with
with	moth	cloth	thump
thud	thin	thump	fifth
broth	tenth	north	thick
think	thrash	thunder	them
this	then	month	

Wow, you've read 600+ words! *Great job!* Keep going!

Digraph ng & wh

ng

bring	gang	fang	hang
long	lung	ring	sing
song	wing	thing	hung
spring	strong	ping	pong
ding	bang	swing	
bing	cling	rang	

wh

whim	when	whip

Blends bl & cl

bl

blab   blob   bled   blot

blog   blush   blimp   blend

blur   blast   blunt   blurt

cl

clap   clip   club   clot

clix   clad   clog   clan

clam   clasp   clash   clerk

Blends *fl & gl*

fl

flip	flop	flap	fled
flog	flit	flex	flab
flat	flash	flush	floss
fluff	fleet	flesh	

gl

glob	glad	gloom	glum
glut	glam	glass	gloss
glint	glent	glen	

Blends

pl & sl

pl

plug	plum	plus	plan
plop	pled	plant	plank
plent	planet	plod	plund
pluck	plot	plump	

sl

			sloth
sled	slip	slap	slur
slob	slit	slug	slum
slam	slim	slid	slept
slant	slot	slab	slap
slump	slop	slid	stop

sc

scan	scent	scat	scud
scalp	scot	scum	scur
scram			

sk

skip	skin	skit	skun

sm

smug	smash	smog	smell
smut	smurf	smack	smit

Blends sp & st

sp

spin	spit	spot	spam
span	sped	spell	spud
spun	spat	split	clasp
spurt	spur		

st

stop	stag	stab	step
stub	stub	stun	stand
stem	stamp	stomp	

Blends *sw & br*

sw

swim   swing   swell   swift

swan   swept   swap   swat

swag   swamp   swung

br

brag   brap   bran   brat

brick   brad   bring   brim

brass   brent

Blends cr & dr

cr

crab   cramp   crust   craft

crop   crisp   crack   cross

crocks   crib   crumb

dr

drip   drop   drum   drink

drug   drift   dress   draft

drag   dram   drab

Blends fr & gr

fr

frit   frog   frat   frank

frond   frap   frost   frock

fret

gr

grab   gram   grub   grin

grad   gruff   grog   grill

grim   grid   gran   grip

grass   grat

pr

prop prank print prod

pram press prong

tr

trot trod track trig

trek trill trim tram

truck trip trap trunk

tres

tw

twig twin twist

ALTERNATIVE SOUNDS

Alternative sounds of a

ai

laid	maid	paid	raid
braid	bail	fail	gail
nail	pail	waist	saint
strain	stain	train	paint
sprain	drain		

a

baby	crazy	april	gravy
lady	navy	shaky	basic
radio	tomato	potato	paper
radiant	david		

Alternative sounds of a

ay

bay	may	way	ray
day	hay	say	lay
flay	sway	play	stay
slay	clay	pray	tray
inlay	copay	spray	stray
hooray	midday	outlay	dismay
gray	gay		

a_e

Please refer to More long a words on page number - 11

Alternative sounds of a

eigh

weight eight sleigh freight

neigh weigh eighth

ey

they hey whey obey

survey bail fail gail

ea

steak break great bear

tear wear pear swear

Alternative sounds of *e*

e

be   me   we   she

he   even   ego   evil

hero   veto

e_e

eve   theme   delete   extreme

ei

ceiling   protein

ey

steak   break   great   bear

tear   wear   pear   swear

Alternative sounds of *e*

ie

chief | brief | grief | field

theif | shield | priest

ea

eat | pea | sea | tea

bead | beak | beam | bean

beat | deal | each | easy

flea | heal | heap | heat

lead | leaf | leak | lean

meal | mean | meat | neat

peak | read | seal | seam

team | weak | beach | cheap

Alternative sounds of *e*

cheat
clean
dream
eager

eagle
feast
jeans
leash

least
peach
reach
sneak

speak
steal
steam
teach

treat
wheat

ee

three
tweet
wheel
asleep

cheese
coffee
fleece
freeze

needle
sneeze
speech
street

agree
ween
bleep
creek

ween
deed
meek
leek

39

Alternative sounds of

ee

bee	see	beef	beep
deep	feed	feet	free
glee	heed	heel	jeep
keep	knee	meet	need
peek	peel	peep	reef
reel	seed	seek	seem
seen	teen	tree	weed
week	weep	agree	bleed
cheek	creek	geese	green
great	kneel	queen	sheep

Alternative sounds of e

ee

sheet	sleep	speed	steel
steep	sweep	sweet	teeth

y

candy	lady	windy	baby
copy	family	very	tidy
tiny	pony	ugly	bony
body	any	twenty	only

Alternative sounds of

i_e

bike			live
ride	line	dime	lime
site	dike	mine	fine
ripe	tide	pike	wide
dine	bite	life	wife
side	pipe	kite	mite
rite	pine	wipe	dive
hike	hide	vine	wine
hive	like	ride	time
jive	nine	tide	bribe
crime	vile	bride	pride
rifle	drive	glide	stripe
tribe	slime	smile	twice

Alternative sounds of *i*

ie

tied

pie	tie	die	lie
cried	tried	fried	dried

igh

light	bright	fight	sight
night	right	tight	high
sigh	fright	plight	might

ie

item	iris	silent	child
wind	kind	blind	mind

spider

43

Alternative sounds of O

o_e

dope	vote	mole	hope
bone	pole	mope	tone
role	pope	lone	sole
rope	home	coke	dote
tome	woke	rote	dome
joke	tote	hole	poke
stove	stone	stole	spoke
smoke	slope	scope	grove
globe	froze	drove	close
broke	alone	zone	nose
nope	note	mole	

Alternative sounds of O

a

go

so

no

mango

potato

home

bonus

focus

hotel

omit

banjo

Near home, all alone, the kid remembered a joke, ate a delicious mango, and admired a shiny stone.

Alternative sounds of *u*

u

cupid music unit uniform

student human pupil tulip

stupid duty

u_e

Same as long u - Refer to page number - 18

ew

dew few new blew

brew chew crew drew

flew grew news strew

screw

Alternative sounds of u

ue

due   glue   sue   clue

blue

In the garden, a few new blue flowers grew, nodding as the wind blew gently.

Visit	transit	athetic	enter
ever	lumber	after	sister
under	never	finger	smith
relax	demand	hurt	parent
bring	frost	string	crust
boat	board	protest	subject
soap	verb	moat	oat
toast	coat	float	bloat
goat	throat	loan	foam
load	roast	coast	toad
road	oak	coal	
important	predicate	hundred	

oar	roar	goal	soar
snow	blow	grow	low
crow	row	bow	tow
window	glow	slow	coach

In the dance of letters and sounds, phonics is the choreographer, teaching children the steps to a lifelong journey of reading.

Thank you!

"If a child memorized 10 words, the child can only read 10 words, but if a child learns the sounds of 10 letters, the child will be able to read 350 three-sound words, 4,320 four-sound words, and 21,650 five-sound words."

-Martin Kozloff

A kid who **READS** will be an adult who **THINKS!**

Made in the USA
Las Vegas, NV
24 December 2023

83488503R00031